AF475535

A QUOI TIENNENT LES CRISES MINISTÉRIELLES ET L'INSTABILITÉ DU GOUVERNEMENT,

PAR

M. A. DUCHATELLIER.

Nantes,

Imprimerie de Camille Mellinet.

1840.

A QUOI TIENNENT LES CRISES MINISTÉRIELLES ET L'INSTABILITÉ DU GOUVERNEMENT.

Le mot est encore dans la bouche de tout le monde: *Cela ne peut aller ainsi : il n'y a pas de gouvernement ; nous sommes sans principes, et la société se dissout.* — Voilà ce que disent les ennemis du pouvoir, ce que ne se dissimulent pas une partie de ses amis, ce que les indifférents eux-mêmes ne nient point, ce que la masse accepte, ou du moins ne rejette pas, parce qu'elle ne sait que répondre, parce qu'elle ignore ce qu'on lui demande, et encore plus ce qu'elle doit faire.

Éloigné du bruit des affaires et relégué dans un coin obscur de la province, nous nous sommes demandé ce qu'il pouvait en être de ces crises, de ces pertubations et de ces inquiétudes?

Et nous nous sommes dit : Le gouvernement représentatif n'est pas complet; il manque d'un système, et quelques-uns de ses éléments ont seuls acquis leur développement, quand les autres ont à peine reçu la cédule de leurs principes.

Et que faut-il, en effet, à un gouvernement représentatif, comme à toute autre puissance sociétaire, pour qu'il existe, pour qu'il vive et qu'il ait de l'avenir?

— Il faut évidemment qu'il ait compris tous les besoins du pays, et qu'il soit en même temps capable de les satisfaire.

Cette proposition est trop simple pour ne pas se démontrer d'elle-même; il reste à savoir si, ou non, nos pouvoirs sont organisés pour l'accomplissement de ce principe.

Et, sur ce fait, nous n'hésitons pas à le dire: — Non, *les pouvoirs politiques de l'État ne sont pas organisés de manière à satisfaire les besoins du pays, pas même à les bien comprendre...*

Et, en effet, quelle est aujourd'hui la puissance la plus active comme la plus formidable de nos sociétés à gouvernement représentatif? — *La presse*: c'est-à-dire, la publicité, les journaux, les tribunes, les comices, les corps délibérants et la place publique aussi, qui ne se tient plus à ciel découvert; mais dans les cabinets de lecture, dans les cafés et dans les clubs, quand le pouvoir se montre ombrageux.

Mais au fond, qu'est la presse? — Celle des journaux et de la place publique (j'emploie ce mot faute d'un équivalent plus exact), n'est évidemment que l'expression simultanée de tous les intérêts opposés et divergents qui viennent chaque jour se mesurer dans le champ du domaine public, que chacun des interlocuteurs prétend avoir droit d'exploiter de telle ou telle manière, suivant tels ou tels précédents, suivant telle ou telle loi, suivant tel ou tel principe. — Je le reconnais, d'ailleurs, les uns, plus ou moins éclairés, y portent un dévouement plus ou moins ferme, des intentions plus ou moins pures; mais à leur dévouement et à leurs intentions se mêlent incessamment, et malgré eux, les méchants calculs de l'ambitieux, les sournoises ambiguités de l'homme intéressé, et souvent l'effronté cynisme du pertubateur, quand la loyale et candide ignorance de l'homme à vue courte lui offre une planche pour sauter dans l'arène et se mêler au combat. Voilà pour *la presse* des journaux et la polémique quotidienne.

Elevons-nous jusqu'à la tribune et aux comices de tous genres qui couvrent aujourd'hui la France et les départements : puis, jugeons.

Qu'est et que devrait être un député ? Vous le dites tous, *Le représentant de nos intérêts.* — Mais qu'est-ce à dire ? sera-ce des intérêts généraux du pays, ou bien des intérêts plus spéciaux du département et de son arrondissement, ou bien encore des intérêts réunis et privés, qui procèdent directement des individualités qui se sont groupées pour l'élire et former la majorité qui l'a porté à la chambre ? Il suffit, pour y répondre, de dire ce qu'est l'élection. — Mais personne ne l'ignore, car tous l'ont vu : c'est, à jour dit, la réunion de tous les intérêts opposés, rivaux et compétiteurs de la cité : ici le négociant, là le marchand en détail, là l'agriculteur, le rentier, l'industriel, l'entrepreneur, le manufacturier, le banquier, l'administrateur, le militaire, le magistrat, l'officier public, etc., etc. Et que leur demandez-vous à tous ? — *Un homme qui les représente, eux et le pays.* Mais à quel titre ? Est-ce pour faire valoir les intérêts des travailleurs, ceux des rentiers, ou ceux des administrateurs ? est-ce pour hâter ou protéger telle ou telle industrie agricole, industrielle ou manufacturière ? est-ce pour provoquer tels ou tels travaux d'utilité publique, départementale ou locale ?......

Il est évident que vous l'avez nommé pour tout cela et pour beaucoup d'autres choses encore ; car l'un a sa propriété qui demande un chemin ; l'autre, son industrie qui demande un canal ou un pont ; cet autre, une exploitation qui demande un tarif qui la protége ; celui-ci, un commerce que l'état doit favoriser ; puis ce troisième, un frère ou un fils qu'il faut placer, d'anciens services qui ont été méconnus et qui demandent récompense ; que sais-je ! une fille à marier, une idée, un projet à faire éclore, un avenir à s'ouvrir.....

Voilà pour le représentant, pour l'élu de la chambre, comme pour celui du département, de l'arrondissement ou de la commune. Et quand la presse et la place publique viennent tous les jours reproduire à ses oreilles et à ses yeux les demandes et les besoins qui se sont formulés par des votes, au jour de l'élection, que voulez-vous que votre élu puisse faire ou tenter ?

Si c'est vers la tribune de la chambre que vous l'avez poussé, il doit être de tout et à tout; et, pour vous représenter fidèlement et suivant vos désirs, il devra surtout faire valoir les intérêts auxquels vous vous rattachez de près ou de loin, par votre position et votre travail; c'est-à-dire se consulter pour rechercher vos besoins personnels, communs ou généraux, et les satisfaire en raison de leur prépondérance locale et relative. Et la chose est si vraie et si complète, qu'à la chambre, dans les conseils-généraux ou de localité, la même loi d'exclusion pèse avec dureté et sans rémission sur chacun de ceux qui, assez osés ou assez libres pour s'affranchir de ces exigences, consultent plutôt leurs convictions et l'intérêt général, que l'intérêt étroit et borné du lieu qu'ils représentent.

Mais arrêtons-nous, et voyons, avec cette organisation de la publicité, pourquoi le gouvernement est sans force, sans suite dans ses actes, souvent sans moralité, toujours sans système et sans avenir.

Et comment, en effet, ferait-il autre chose que de vivre au jour le jour? La société elle-même, que fait-elle, que de vivre ainsi à la petite journée, et en portant devant elle, par ses journaux et par ses tribunes, quelques médiocres idées d'intérêt personnel ou transitoire, sans attache au passé, sans élévation et sans portée vers un avenir quelque peu fécond et puissant.

Pour que le gouvernement fût logique et fort, pour qu'il eût un système et une règle de conduite, ne faudrait-il pas évidemment, s'il doit satisfaire les besoins du pays, que ces besoins fussent eux-mêmes exposés nettement et suivant une méthode quelconque, afin que, méthodiquement classés, méthodiquement étudiés et suivis, ils formassent à leur tour, pour l'administration et ceux qui gouvernent, des précédents et un système qui aidassent à imprimer à la chose publique une marche éclairée, logique et progressive.

Mais, au lieu de cela, voyez la confusion: si c'est aux journaux, à l'expression la plus étendue de la pensée de tous e de chacun que vous vous en remettez, je vous défie, prissiez-vous le soin de lire chaque jour tous les journaux qui paraissent, de vous prononcer pour ou contre les faits les plus simples qui vous sont soumis. Et ce que vous ne pouvez point, l'administration ne le peut non plus: ce sont à peine quelques avis à recueillir, quelques faits à apercevoir, quand la passion et l'esprit de parti ne les ont pas complétement défigurés pour entraîner les masses, les coteries ou les factions vers tel ou tel but, à l'aide d'un mensonge plus ou moins habilement déguisé.

Mais venons aux pouvoirs légaux, aux corps réprésentatifs et constitués. — Ne dites-vous pas d'abord qu'il faut que le pouvoir, le gouvernement enfin, cède à leurs exigences, à leurs demandes, à leurs vœux? — C'est là, dites-vous, le terme exprès et littéral du gouvernement réprésentatif. Oui; vous l'avez écrit même. Mais, si vous voulez que l'administration et le gouvernement cèdent à la volonté des représentants, à leurs demandes, à leurs vœux, à leurs principes, qu'on s'y reconnaisse au moins, et que ces vœux, ces demandes, ces principes aient leurs lois d'ordre et de puissance qui permettent de retrouver dans les besoins réels de la nation l'indication sure des choses à tenter ou à faire. Or, encore une fois, suivant le système électoral pratiqué qu'expriment, qu'ont exprimé jusqu'à ce jour tous les représentants de la restauration et de la monarchie de juillet, *tout et rien;* car il n'est pas une députation, il n'est pas un député qui puisse dire, avec le moindre semblant de réalité, ce que ses commettants lui demandent, ce qu'ils lui demanderont; et si vous alliez plus loin, et que vous interrogiez cette députation ou ce député, pour savoir si les hommes qu'il représente ont un but et des besoins qu'il faille suivre ou atteindre, il serait osé, certes, de vous dire que ce but et ces besoins, connus et délimités, n'ont point varié, ne varient point chaque jour.

Eh! qu'y a-t-il, en effet, de plus mobile, de plus variable que la pensée et la volonté d'un corps électoral, à quelque degré que vous le preniez! Formé, comme nous l'avons dit, de tous les éléments opposés de la cité, du quartier, du canton ou de l'arrondissement, son vote, son appel, enfin, quel est-il, que la réunion confuse et obscure des intérêts ou des vues qui, après deux ou trois scrutins de lutte et de guerre, se sont annihilés dans une combinaison qui dissimule tout ce que chacun n'a pu faire prévaloir.

Et quand l'élu a été saisi d'un tel mandat, sans lettre, sans expression saisissable et qui se fonde sur telle ou telle doctrine, tel ou tel précédent, que voulez-vous qu'il exprime à cette tribune dont les degrés se présentent à lui sans qu'il sache ce qu'y porter, ce qu'y défendre, ou ce qu'y proclamer. Aussi, à peine en a-t-il franchi les degrés, qu'il s'interroge pour savoir si ses mandataires le lui permettent, s'ils trouveront bon ou mauvais ce qu'il va dire, ce qu'il ose réclamer ou proscrire.

Nulle part le besoin n'a été exactement formulé : comment voulez-vous qu'il soit convenablement exprimé ? comment voulez-vous surtout qu'il se coordonne avec les précédents qui l'ont devancé, avec les faits qui se groupent près de lui. — La hiérarchie et l'ordre manquent dans l'expression..... : ils manquent par conséquent dans l'exécution, dans les pouvoirs qui appliquent, comme dans ceux qui sollicitent et qui conseillent.

Mais soyons encore plus exacts : soit une question d'ordre ou d'intérêt commun qui se présente pour être formulée en projet, ou soumise à la délibération, afin de se revêtir des formes de la loi, ou du simple arrêté administratif.

Il est évident que, suivant la date, l'époque et les circonstances où ce projet et cette délibération auront été mis à l'étude, la décision à intervenir sera de telle ou telle nature, suivant que les corps représentatifs qui y auront concouru se trouvaient composés de tels ou tels éléments résultant des idées et des intérêts qui ont prédominé dans leur élection. Et c'est en vertu de ce principe de notre organisation électorale que toute législation est attaquée presque aussitôt qu'elle a été faite, parce que le flux et le reflux de la pensée électorale n'ayant point d'issue réelle et raisonnée ne s'arrête à rien, et qu'elle se porte avec la mobilité des circonstances vers tout ce qui sert ses intérêts personnels et du moment.

De là ces lois et ces arrêtés continuellement à refaire, qui un jour règlent la fabrication des étoffes suivant tels ou tels principes, la navigation avec telle ou telle protection, le commerce des céréales ou des vins suivant telle ou telle immunité, l'exploitation agricole avec telle ou telle charge, et chaque chose, enfin, non pas suivant les caprices du jour, mais suivant les méprises de l'administration et de ses représentants, suivant leurs erreurs, leur ignorance souvent; mais plus souvent encore suivant l'ignorance bien plus lourde et bien plus compacte des masses, qui ne conservent le souvenir de rien, et que leurs appétits dominent presque sans réserve.

Rendus à ce point, qui ne découvrirait la pauvreté de notre système représentatif, son instable et incomplète organisation. !

Hier, en ne prenant que la chambre pour exemple, vous

aviez une majorité donnée dans un esprit tendant à tel ou tel but. — Mais reprenez les actes séparés de la législature, et dites-nous, si vous le trouvez, quelle est celle d'entre les chambres qui se sont succédé depuis 1830 qui ne vous offre les contradictions les plus palpables, et cela à ce point que deux votes sur la même loi et dans la même séance se sont plusieurs fois annihilés par les contraires les plus opposés. Un tel état de choses résulte toujours de cette règle de confusion qui, en prétendant fondre toutes les volontés dans un vote combiné de toutes les classes et de tous les intérêts de la société, n'a fait que les comprimer tous, en les plongeant dans un milieu également obscur, l'urne électorale, de laquelle la voix du peuple est sortie sans rien exprimer de logique et de rationnel.

Je l'ai encore dit : Une seule assemblée, *la Constituante*, qui procéda du classement des travailleurs, de la manifestation de leurs intérêts directs, formulés par des cahiers et des vœux littérals et précis, me paraît, de toutes nos représentations législatives, avoir seule tenu de son origine la force, la volonté et les principes qui résultaient de la position réelle du pays. — Son organisation, par comités chargés de spécialiser le travail et d'en poursuivre les éléments jusqu'à ses dernières ramifications, fut la conséquence naturelle de ce principe; et si des hommes nouveaux et inhabitués aux affaires émirent sur l'organisation du pays tant et de si fécondes pensées, quand nos hommes actuels, noyés, à bien dire, dans les affaires, en déploient de si pauvres et de si stériles, c'est que le mandat des uns était précis et que le mandat des autres est confus et sans termes, qu'il ne leur a été rien dit de formel; qu'ils ont à s'occuper de tout, et qu'ils courent d'un bureau à l'autre de la chambre, après toutes les idées, tous les faits et toutes les connaissances qu'ils doivent embrasser, sous peine de ne pas satisfaire les exigences de leur localité et de leurs mandataires.

Mais, cela étant, comment s'étonner que les ministères soient sans durée, que l'administration soit sans force, et le gouvernement sans avenir.

Les ministres, à leur tour, ne sont-ils pas l'expression la plus résumée de ces majorités sans consistance logique et rationnelle que nous venons de suivre dans quelques-uns de leurs degrés. — Il faut donc aussi qu'ils en subissent la loi; et dès qu'une chambre est à renouveler, le ministère lui-même est en question, et son existence est plus que douteuse... Ce serait toutefois cinq ans, en prenant le terme le plus étendu, la Constitution; mais qu'il y ait embarras, lutte, ou la moindre circonstance imprévue, le terme se réduit à deux et trois ans, comme nous l'avons vu communément depuis 1830.— Toutefois, nous parlons là encore d'un état de choses presque régulier; mais vienne, par inopportunité, par maladresse, par nécessité même, ou par tout autre motif que ce soit, un de ces malheureux projets de loi qui, en paraissant émis pour satisfaire certains intérêts, en blessent d'autres en plus grand nombre, et tout aussitôt la collision se renouvelle, les partis et les passions se meuvent: avant la solution, le pouvoir et le ministère sont battus en brèche. Succombent-ils: la perturbation s'étend à tout le pays; il y a de l'autorité qui se perd, des hommes usés sans retour, d'autres à trouver, et toujours, toujours! des principes à poser, des besoins à connaître, avant qu'on puisse les satisfaire.

Nous n'hésitons pas à le dire: cet état de choses est la confusion; et, si nous ne nous trompons, il résulte d'un malentendu sur lequel il faudra bien que nous revenions tôt ou tard, sous peine de succomber et de voir périr, avec l'élément incomplet d'un système de représentation, tout l'ordre et toute la force que la conquête du principe lui-même semblait nous avoir promis.

Nous admettons que la liberté de la presse, ayant acquis tout le développement convenable, a créé pour le système auquel elle se rattache par son origine et ses applications, tout le bien qu'elle pouvait réaliser et qu'elle doit encore réaliser successivement. — Mais nous n'admettons pas que, quand cette presse et la liberté d'écrire produisent au dehors et dans le champ de la discussion tant d'éléments contraires qui agitent et émeuvent incessamment la société entière; nous n'admettons pas, dis-je, que les corps représentatifs, comme l'expression confuse et inordonnée des besoins généraux, locaux ou privés de la société, n'aient emporté avec eux, pour le jour de la discussion, qu'un blanc seing qui comprend toutes choses, mais aucune en particulier; car, si dans les grandes divisions de la France, de ses intérêts et de son travail nous avons le commerce, les manufactures, l'agriculture, la navigation, la propriété, le travail salarié, les sciences, les lettres, puis la force publique, l'instruction et l'administration civile et judiciaire, pourquoi dans chacune de ces branches de la pensée nationale n'avoir pas recherché sur les lieux et dans nos populations l'expression la plus littérale, la plus directe et la plus complète des besoins qui se font sentir; en un mot, pourquoi n'avoir pas spécialisé chacun de ces besoins, chacune de ces notions, en leur donnant des électeurs et des élus qui procédassent eux-mêmes des principes et des faits qu'ils représenteraient?

Cet ordre simple et logique appellerait au centre du pouvoir et dans tous les corps représentatifs, avec une pondération convenable, les hommes et les intérêts qui se partagent la société; et les patentes et les contributions étant, avec le titre et l'emploi de l'individu, la juste expression de sa position sociale, rien de plus facile que de fixer, par le nombre et l'importance des positions, la valeur représentative de chaque intérêt, de chaque droit.

Et combien alors cet exercice de la presse, si souvent fatal, ne s'étendrait-il pas de lui-même? Les intérêts en concurrence seraient alors mis nécessairement en présence, avec toutes les ressources du raisonnement et de l'expérience que des hommes spéciaux pourraient leur prêter. Les mandatés, de leur côté, sauraient ce que demander, ce que repousser, ce que faire valoir; et quand, dans les corps représentatifs eux-mêmes, les intérêts, les doctrines et les notions se seraient spécialisés dans des comités *ad hoc*, combien nos grandes assemblées, réunissant dans leur sein toutes les branches des sciences civiles et politiques, n'acquierraient-elles pas de portée et de puissance pour le service du pays!

Et, de son côté, combien plus ferme et plus sûr ne serait pas le gouvernement, qui, ayant ainsi à ses côtés les délégués du pays chargés de lui transmettre, suivant un ordre rationnel et logique, ses besoins et ses vœux, pourrait, à toute heure et sans discontinuité, étudier ses demandes, les rapprocher entre elles, et les mesurer aux exigences imprescriptibles de la politique générale pour faire par l'application l'histoire séparée et distincte en quelque sorte de chacun de nos intérêts, de chacun de nos grands besoins, et de toutes les pensées d'organisation qui viendraient à éclore.

Mais nous dira-t-on, c'est tout un nouveau système de représentation que vous demandez. Oui, sans doute, et au lieu de la confusion dans un même vote de tous les intérêts et de toutes les pensées du corps électoral, c'est leur séparation, leur classement par ordre d'importance publique ou locale que nous voudrions; et cela, afin d'écarter les exigences personnelles par les exigences nationales, publiques et communes.

Cela toutefois ne suffirait pas : et si, comme nous l'avons dit en commençant, le mal vient aussi de ce que la libre expression de l'opinion publique s'est développée plus promptement que les autres branches du gouvernement représentatif; c'est que des hommes d'état, forts par eux-mêmes, pourvus peut-être de toute l'intelligence que réclamait la crise de 1830, s'emparant des anciens rouages que le passé leur avait laissés, ont cru qu'il n'y avait rien de plus pressé que d'imprimer à la machine le mouvement que ces rouages pouvaient lui donner pour le moment.

Mais, ces rouages et cette machine ne sont pas, tout le monde le sait, de création récente; et la main du consul et de l'empereur leur donna un premier élan que la main plus timide de la restauration continua avec plus ou moins de peine. — L'œuvre était cependant belle, diront quelques-uns. — Nous le dirons aussi, et, avec eux, nous lui donnerons même notre admiration; mais, sans croire trop oser, nous dirons en même temps que l'œuvre fut conçue pour une autre époque, et qu'elle ne convient plus à la nôtre.

Et en effet, disons-le en deux mots : — quand, tous les jours, les mille voix de la presse ou des tribunes publiques ou locales vous expriment d'instants et nouveaux besoins revêtus de la sanction de la publicité, comment penser que les solutions séparées, isolées, et souvent contradictoires que leur donnent d'obscurs commis renfermés dans leurs humbles bureaux pourront satisfaire la nation, qui ne vit plus que de publicité, et qui est d'autant plus exigeante que le système électoral que vous lui avez donné excite et ravive ses appétits et ses prétentions.

Vous êtes évidemment restés sans défense, sans moyens réels d'action, sans force et même sans morale ; car la suite que vos *commis d'ordre* donnent obscurément à quelques affaires qui peuvent s'entasser dans les cartons sous les mêmes lettres ou les mêmes dénominations, n'a aucun caractère suffisant pour que les précédents déjà réalisés ne cèdent point à de nouvelles considérations et à de nouveaux intérêts, toutes les fois que des hommes assez puissants viendront vous demander une décision dans tel ou tel sens. Aussi, la confusion et le désordre qui règnent dans l'expression du besoin, se retrouvent-ils dans les solutions qu'on lui donne ou qu'on prétend lui donner.

Les antécédents ne sont en effet rien pour les administrations, non plus que pour le public, qui les oublie. Une question est-elle soulevée dans le bureau ou la division d'un ministère : il se trouve que tous les précédents sont oubliés, ou si quelque vieux commis se les rappelle, ce sera simplement pour critiquer l'acte de ses chefs, quand l'expédition à faire de la décision intervenue parviendra jusqu'à lui.

Comment en serait-il autrement ? — Pour le ministre, pour le chef de division ou de bureau lui-même, de quoi s'agit-il ?... Avant tout, certes, de conserver la position qu'ils se sont faite. Mais pour cela il faut des complaisances envers les nouvelles puissances du jour, et sacrifier successivement aux intérêts plus ou moins éclairés que la presse et la tribune mettent en relief, mais sans laisser de jalons et de guides, sans créer une doctrine ou une règle.

Les bureaux et l'administration ne reflètent bientôt plus, en effet, que cette confusion obscure et dissolvante de la tribune et de l'urne électorale. La confusion, le désordre, l'oubli des faits passés, la mise à néant des considérations qui sont sans retentissement, ont bientôt lieu, et l'antre administratif devient un gouffre où se perdent, par calcul et par système, les traditions et l'expérience qu'on n'a garde de mettre à la disposition du public, tant on craint qu'il en fasse usage contre le gouvernement, qu'on lui donne ainsi, de gaîté de cœur, comme un ennemi duquel on n'obtient rien que de vive force et par surprise.

Et vous vous étonnez que les masses soient sans affection pour l'autorité, sans considération pour le pouvoir; mais ne sont-ce pas ceux qui ont été les dépositaires de ce pouvoir, de cette autorité, qui les ont faites ainsi? et si la tourmente est passée, ne serait-il pas temps de voir, et porter au moins quelque ordre et quelques idées de système dans ces engrenages, qui craquent et se tiraillent en tout sens.

C'est le consul, l'empire et le grand homme que vous croyez continuer : mais regardez-y donc, je vous prie, quand il organisa ainsi son pouvoir et ses administrations, il n'y avait point de presse, il n'y avait pas de tribune, et, résumant dans sa personne toute la pensée nationale, il l'avait ainsi organisée pour imprimer le mouvement à une société nouvelle refaite par lui, mais qui, réduite à l'action excentrique qu'avaient provoquée les coalitions de l'Europe, s'en remettait, pour un moment, au héros qui seul pouvait la sauver.

D'une autre part, quelle distance de lui à nous! — S'étant saisi de l'unité gouvernementale, voyez avec quelle sagacité de pénétration il organise ses pouvoirs, et quel soin il prend d'immobiliser en quelque sorte l'administration dans la personne de quelques secrétaires-d'état et des sections de son conseil-d'état qui, annuellement et à des époques données, se résument dans ces comptes-rendus si lucides et si rationnels à l'aide desquels il forme comme le premier dépôt de la science qu'il a créée et qui sera suivie.

Si du moins cet ordre et cette continuité nous avaient été possibles; mais comment se manifesteraient-ils même quand n'ayant plus pour réunir les majorités le véhicule des oppositions nationales de la restauration, nos représentants se fractionnent et se divisent incessamment en éparpillant leurs votes sur des questions d'intérêt secondaire ou local qui ne permettent à aucun groupe de se former.

Nous n'hésitons donc pas à le dire : ici encore on s'est mépris; et, au lieu de l'unité et de la force qu'on crut trouver, on n'a rencontré que le doute, l'embarras, les tâtonnements, les ambiguïtés, les faux-fuyants et l'instabilité, malgré certaines formes qui, dans la hiérarchie et la correspondance, peuvent rappeler l'unité et la centralisation que l'on vante sans les rencontrer au fond.

Combien, en effet, ce que nous disions des ministères et de leurs bureaux n'est-il pas encore plus réel des administrations civiles de nos départements? Et quand avec tant de ministres, nous voyons aussi tant de préfets et d'administrateurs se succéder dans nos localités, par combien de tentatives et d'idées contraires ne nous font-ils pas passer chaque jour : les uns en s'occupant, avec prédominance et suivant leurs aptitudes, de l'instruction ou du commerce; les autres en s'occupant des chemins ou des hospices, ceux-ci des lettres ou des arts, ceux-là des finances ou de l'agriculture, etc., etc., tous en négligeant une ou plusieurs parties des branches que leurs prédécesseurs avaient cultivées.

Mais quel moyen de remédier à tant de confusion, à tant de malentendu?

Ce serait dans notre pensée de céder tout simplement à l'impulsion donnée, et d'appliquer au gouvernement les ressources mêmes de la publicité, en créant simultanément l'ordre et le système où ils devraient s'être montrés d'abord. Et ne rejetant pas l'unité et la centralisation dont on s'est prévalu sans en faire un usage approprié à notre situation, nous voudrions que chaque ministère, chaque administration centrale, chaque préfecture, devînt un vaste bureau d'action qui fût en même temps le dépôt de la science et de la morale administrative du pays.

Et pour cela que faudrait-il? — Peu de chose dans l'état même des esprits et de nos institutions: seulement un conseil supérieur convenablement constitué qui, pour le ministère, serait formé des directeurs en chef de divisions; dans les administrations centrales, des administrateurs; dans les préfectures, des conseillers avec certains chefs de bureau, et ainsi de suite; mais de telle sorte, que certaines affaires d'un ordre élevé, soit dans les ministères, les administrations ou les préfectures, fussent au préalable discutées et résolues dans ces conseils, sous la présidence du fonctionnaire en titre. Ainsi revêtus d'un haut caractère de suite et d'ordre, ces solutions deviendraient bientôt, pour l'administration, comme pour le public et la presse, une sorte de définition légale et mesurée du pouvoir et des intérêts qui s'adressent à lui, avec des droits que dans un gouvernement représentatif personne ne doit ni exagérer, ni dissimuler. — Que l'on publiât ensuite le résultat de ces solutions, et avec elles la note succincte des affaires d'un ordre inférieur, que chaque chef de service siégeant au conseil serait tenu d'y produire à chaque séance, comme l'élément de son travail, et l'on aurait bientôt pour les affaires publiques les éléments d'une justification complète et raisonnée de tous les besoins qui ont été exposés, étudiés et résolus. Il va sans dire que ces publications faites dans les journaux du gouvernement et dans tous ceux qui voudraient les accueillir, et partout où il en serait besoin, seraient convenablement appuyées de tous les extraits ou documents inscrits au rôle de chaque affaire, de telle sorte que la lumière jaillissant de ces nouveaux foyers d'action portât la vérité et le jour sur toutes les demandes, sur tous les droits et toutes les ambitions qui, en se cachant aujourd'hui sous le manteau de l'homme puissant, font fléchir partout la morale et les saines doctrines. La résolution prise récemment, au sujet de la Légion-d'Honneur, n'est autre chose qu'une mesure de cet ordre. Tous les autres intérêts de la nation ou des individus dont on décide à huis clos ont droit à la même publicité et à la même garantie, ou le gouvernement représentatif n'est qu'une fiction, s'il n'est un cruel mensonge.

Quant aux affaires pour lesquelles des raisons supérieures et d'état réclameraient le silence, traitées pour la plupart dans le conseil du roi, elles seraient naturellement laissées à la responsabilité des ministres, qui seraient libres d'en faire connaître les résultats en temps opportun.

Il est osé peut-être à nous de nous élever ainsi jusqu'aux hautes spéculations de la science gouvernementale, mais si jamais nous n'approchâmes des lieux d'où part le mouvement, nous n'avons point toutefois passé quatorze ans de notre vie dans les bureaux des ministères et des administrations départementales sans prendre un juste sentiment de ce que nous avançons. Et pour ne citer qu'un fait, nous dirons que, long-temps placé dans un bureau où l'on prétendait faire la statistique de la France, sans une seule carte du pays, et près d'un autre d'où l'on prétendait régénérer notre agriculture sans avoir au préalable réuni des renseignements spéciaux sur chacun de nos départements, c'est en voyant ces choses et en les retrouvant absolument les mêmes dans la province, que nous avons dit quel est le mal et quel est le bien qu'il faudrait lui opposer. Heureux si d'autres que nous, prêtant à la question que nous soulevons le fruit de leur expérience, pensent aussi que la science gouvernementale demande à être définie et fondée pour opposer un contre-poids convenable au développement hâtif que la presse, la plus belle de nos libertés, a pris d'elle-même et presque spontanément. — Car si celle-ci, vive, légère, capricieuse, mais éminemment féconde, et sous tous ces rapports très-utile, a, d'un seul bond, dépassé les autres pouvoirs de l'état, faites promptement que ces pouvoirs, plus fortement et plus rationnellement constitués, aient une existence d'une portée convenable et qui permette de classer tous les faits de la science suivant l'ordre réel de leur importance nationale et privée.

Les états, non plus que les individus, ne sauraient en effet subsister sans avenir, sans but et sans pensée; et quand une nation par des moyens quelconques vient à dire, tous les jours et à chaque heure, quels sont ses besoins ou ses désirs, le pouvoir, sous peine de manquer à sa mission, doit avoir d'égals moyens pour les recueillir, les coordonner et les satisfaire. En un mot, préparé comme la forme où la volonté nationale doit se formuler, c'est à lui de tout disposer pour recevoir cette volonté, dans sa hardiesse et dans son étendue, dans sa force et dans ses éléments, afin de la régulariser et de la consacrer par les formes légales.

Mais, encore une fois, comment cela se ferait-il sans cette suite, et cette coordination dans les idées et dans les affaires qui peut seule régulariser le mouvement et le laisser dans sa libre intelligence écarter et dominer tout ce qui est contraire ou nuisible? — Ce n'est évidemment qu'à cette hauteur, et dans cette région élevée de la science, que le génie comme le bon vouloir des hommes qui se dévouent au ministère pourront quelque chose; car ailleurs et plus bas, toujours tiraillés par de petits intérêts et de petites passions, et comme jetés sur le pont sans bord du pouvoir, le cœur et la tête leur failliront au-dessus du précipice, du fond duquel toutes les voix mutinées de la masse les poursuivent en les poussant dans des directions contraires.

A. DUCHATELLIER.

NANTES, IMPRIMERIE DE CAMILLE MELLINET. 30,—901

OUVRAGES DU MÊME AUTEUR.

Histoire de la Révolution dans les départements de l'ancienne Bretagne; ouvrage composé sur des documents originaux et authentiques. — Six volumes in-8°.

Statistique du Finistère. — Un volume grand in-4°.

www.ingramcontent.com/pod-product-compliance
Ingram Content Group UK Ltd.
Pitfield, Milton Keynes, MK11 3LW, UK
UKHW020456220726
13923UKWH00006B/2584

9 782019 249281